JN424953

질경이의 노래

박종구 시조집

목언예원

질경이의 노래

지은이 · 박종구
펴낸이 · 민병도
펴낸곳 · 목언예원

초판 인쇄 : 2015년 9월 4일
초판 발행 : 2015년 9월 9일

목언예원
출판등록 : 2003년 2월 28일 제8호
경북 청도군 금천면 선바위길 53 (신지2리 390-2)
전화 : 054-371-3544 (팩스겸용)
E-mail : mbdo@daum.net

ISBN 978-89-94733-26-5 03810

이 시집은 2015년도 경상북도 문예진흥기금의 지원을 받았습니다.

가격 : 10,000원

질경이의 노래

박종구 시조집

목언예원

■ 시인의 말

그동안 곤고한 삶의 한 모서리였던 제철소에서 오랫동안 근무하면서 시를 쓰며 오늘에 이르렀다.

비밀처럼 내 가슴의 서랍에 묻어두었던 찡한 그리움과 고통을 꺼내볼 수 있었다.

비록 젊은 날의 모나고 서투른 흔적이었지만, 그 속에는 아름다운 삶을 갈망해온 한 목마른 영혼이 있었다.

막막한 사막을 홀로 걸어가는 낙타의 모습으로 내 시의 길을 열어갈 것이다.

폐허의 기슭에서 방황하던 내 시가 언젠가는 깊은 강의 물길을 따라 흐를 줄 믿는다.

2015년 8월
박 종 구

CONTENTS

질경이의 노래

— 박종구 시조집

PART 03 | 먹먹한 그늘 한 채 · 47

질경이의 노래

질경이의 노래

어금니 꽉 깨물어도 아픔은 되살아나
차라리 나를 속인 지난날에 꽃을 바친,
노숙의 야윈 어깨에 젖은 손을 얹는다

아흔 번을 밟히면 백 번을 일어서야지
흔들리지 않으려고 뿌리 깊게 내려서서
햇살에 벼려둔 악보, 파릇파릇 닦는다

마음이 가난하기로 꿈조차 가난하랴
흩어진 시간들을 조각조각 꿰매어서
아무도 가지 않는 길, 꽃대 하나 바친다

스프링

나, 언젠가 한 번쯤은
더 먼 곳을 향하여

갇혀 있던 장막 속을
박차고 튀어 나가

한 치의 오차도 없이
그대에게 닿으리

둥글게 원 그리며
처진 어깨 활짝 편다

가슴 깊이 숨긴 탈력,
능숙한 몸을 날려

아무도 가지 않는 길
발자국을 찍으리

용접

내게서 멀어지는
내 마음을 다그친다

새파란 불꽃 앞에
어르고 달래면서

너와 나 따로 걸어온
아픈 길을 지운다

둘이서 하나 되어
꽃은 붉게 핀다지만

서로가 감추어온
생각들을 따라가면

시간의 마술에 걸린
잠시의 동거일 뿐

파도

한순간 무너지다
비늘처럼 일렁이는

때로는 불꽃같이
천 리를 끌어안는

끝나도
끝나지 않은
후회 없는
짝사랑

제철소 연가

천길 깊은 땅속, 안티 고향 떠나와서
걸음마다 묻어있는 두려움을 껴안으면
영일만 새벽을 깨워 뜨겁게 눈뜨는 불

온몸으로 다가서면 혼절마저 꽃이 되나
천 육백도 뼈도 녹여 서로를 쟁여낼 때
슬픔도 환하게 녹아 출렁이는 내 노래여

차갑게 뒤돌아온 강판 앞에서 생각느니
수수만 번 저를 녹인 처절함에 대하여
마침내 죽어서 사는 거듭남에 대하여

영일만, 새벽을 깨우다

–정년퇴직

청춘의 몸부림과 웃자라던 날들 있어
거친 파도 몰아치는 허허벌판 모래밭에
영일만 새벽을 깨워 뜨겁게 눈을 떴다

동해의 아침 해가 형산벌에 밝아오면
제철소 강쇠 바람, 온몸으로 껴안으며
용광로, 젊음을 태워 봄을 환히 열었다

조업사고 일어나면 아린 꿈은 뒤엉키고
무사고 이어지면 푸른 꿈은 솟아올라
이따금 바람이 와서 안부를 묻고 갔다

한 계단 오를수록 내려올 줄 알면서도
퇴직에 감긴 아픔, 일기장에 그려 놓고
정년은 또 다른 탄생, 인생 2막 꿈꾼다

새벽, 어시장

오징어 가득 담은 배, 오색깃발 펄럭인다
어둠을 뚫고 오는 활어차 사내들의
분주한 손놀림 사이로 뽀얗게 새벽 열린다

종소리 쫓아가는 침묵의 암호들과
부딪치고 당기는 숨 막히는 전쟁터에서
짠물에 절여진 하루, 또 하루가 꿈틀댄다

휘어진 등허리에 소금기 저린 어깨
고무통에 쓰러진 채 삭은 잠은 쏟아지고
고단한 아침의 흔적, 새벽달이 껴안는다

석류

붉은빛 투명한 공간
오색실 수를 놓아

수줍은 젖가슴 열어
뚝 뚝 뚝
쏟아내더니

살며시
건네주고 간
혈서로 쓴
연애 편지

흉터

오롯이 남아 있는
검붉은
꽃 한 송이

삼십 년
철의 지문
허벅지에 새겨 놓고

남몰래
짓무른 자리,
피어난
화인火印 하나

감사 나눔 우체통

사무실 한 모퉁이에 우체통이 걸려 있다
아침마다 웃음꽃 전해주는 격려 한 마디
나눔의 빨간 우체통에 안부 한 장 살고 있다

동료애 꼬리 무는 편지들의 힘찬 행렬
연둣빛 사연에는 선임 후임 따로 없고
설레는 말간 눈 속에 카네이션 피어난다

삭막한 철의 길을 묵묵히 건너온 동행
세상을 소리 없이 움직이는 너와 나는
온종일 가슴이 따뜻하다 주고받는 사연에서

*감사 나눔 우체통 : 포스코에서 감사 활동 목적으로 사무실에 걸어 놓고, 동료 간에 감사 나눔 편지를 주고받는 우체통

볼트와 너트

조이면 조일수록
흠집만 아로새겨

더러는 풀어줘야
가까워지는 그대와 나

수직의 무게 앞에서
수평이 되고 싶다

포개어 맞잡은 손
맞물려 돌아가다

서로가 결 삭이며
둘이서 하나 되는

너와 나
체온을 나눠
아픈 길을 지운다

나래를 젓다

강쇠바람 불어오는 포항 공단 철근 공장
구부정한 허리 펴며 또 하루를 버텨내는
찜웨이, 주름진 이마에 붉은 땀이 솟는다

시뻘건 불똥들이 온몸에 달라붙어
잠시의 혼절 속에 뼈와 살 다 녹았다
다 터진 두 팔에 매달린 허기진 식솔들

뼈가 시린 그리움을 야윈 등에 짊어진다

짧은 다리 질질 끌며 배웅하던 아버지,
그 모습 먼 안부 찾아 메콩강을 건넌다

*찜웨이 : 캄보디아 출신 외국인 노동자

건망증 2

냉장고 안에서는
전화벨이 울리고

잊자 하면 할수록
또렷한 한 줌의 기억

세월의
회초리 앞에
발이 빠져 갇혔다

휴대폰 증후군

생전에
못한 말씀
무슨 생각
그리 많아

먼 안부
묻는 듯이
키보드를
쪼아대나

벌레가
나를 먹는다
공황 발작
일으킨다

한 끼 밥

엄마가 발라주는 생선도 마다하는
우리 집 말썽꾸러기 네 살짜리 꼬마 녀석
휴대폰 동영상 봐야만 한 끼 밥을 먹는다

내 유년의 밥상에는 언제나 꽁보리밥
파리인지 밥인지 구분조차 하기 어려운
그마저 하루에 한 끼, 나머지는 고구마였다

마지막 숟가락은 형이 먼저 내려놓던
아홉 식구 매달린 풋풋한 밥사발에서
아버지 소모는 소리 쟁기질 소리 들렸다

병산서원에서

낙동강을
굽어보는
여덟 폭의
병풍 아래

유생들
책 읽는 소리,
밤을 새워
허옇다

잠든 붓
꼿꼿이 깨워
하늘 샛문
열었다

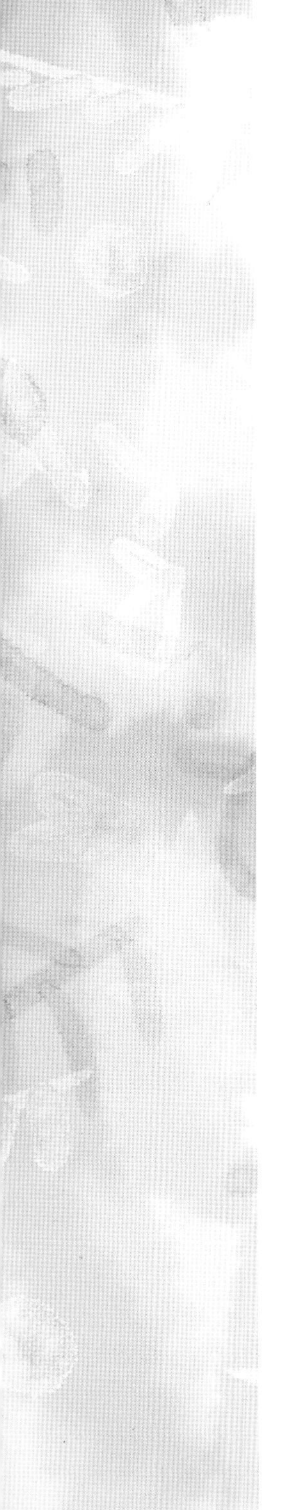

02 고장난 경운기처럼

고장 난 경운기처럼

온몸이 녹이 슨 채 삐걱대는 어깨로
포항 병원 응급실에 널브러져 누운 아버지
몇 센티 남아있을까 버텨내는 또 하루

애써 감춘 가슴팍엔 밭고랑이 드러나고
칠 남매 끌어안은 팔순의 야윈 이력,
고장 난 경운기처럼 허연 뼈로 누웠다

손과 발 닳고 닳아 안으로 쟁여온 시간
꽉 막힌 동맥 뚫어 꺼진 엔진 다시 살려
수없이 토막 난 꿈을 무지개로 건넌다

아버지와 숫돌

베적삼 다 젖도록 쉰 땀내가 뒤척이면
아침을 열어가는 아버지의 낡은 숫돌,
오늘도 헛기침하면 새벽잠을 깨웠다

하루를 조여가며 고삐를 당기시는
무거운 발걸음에 눈물만 딸려 나온다
뼈마다 정강이마다 젖은 몸이 시리다

땀내를 희석하는가, 아버지의 두 다리
칠 남매 끌어안고 제 살 깎아 몸 낮추던
아버지 가벼워진 몸, 날개 펴며 날아간다

파문

퉁 떨어진
씨앗 하나
잔잔히 번지는 수면

호수를 울린 전율,
진동의 연속이다

던져진
작은 씨앗이
지구를
밀고 가는

아버지와 쟁기

해종일 출렁이는 차가운 물 논 자락
하루를 조여가며 고삐를 당기시는
아버지 구릿빛 팔뚝, 푸른 땀이 솟는다

물속에 퉁퉁 부은 시린 발 녹여내며
베잠방이 다 젖도록 물갈이, 써레질하는
허기 속 부르튼 어깨 식솔들이 매달린다

뒤집히는 흙 속으로 쟁기 날이 번쩍이고
아버지의 아버지가 소에 실린 워낭 소리,
저 멀리 지평 너머로 달을 밀어 올린다

첫 휴가

가루분 냄새나는
모란이 보고 싶었다

골목길
파란 대문안
배시시 웃고 있는 그녀,

갈 길은
멀기만 한데
낡은 군화가
무겁다

오어사 자장암에서

초저녁 야윈 달빛
홑이불 가져와서

실바람 잠재우고
시린 어깨 덮어 준다

쏟아진 작은 유성들,
연꽃으로 피어난다

추녀 끝 별을 보며
자장암 석벽 위로,

합장하는 손끝마다
부처님 말씀 담아

내 안에 웅크린 욕망
초향 풀어 걷어낸다

신경 좀 써

허리통 앓는 아내
검진 결과 나오던 날

'신경 좀 써'
뚜 뚜 뚜
짧지만 팽팽한 저음

온종일
말벌 무리들,
집 한 채
짓고 있다

볼록 거울

—소

산 넘어 가시덤불,
어둠 밟고 가는 아침

하얀 입김 내뿜으며
미래를 짊어지고

새벽을 채찍질하여
하루를 열어간다

이빨에 어려 있는
지치고 고단한 길

지푸라기 한껏 씹어
아픈 기억 뒤 새긴다

동그란 볼록거울 속
점 하나가 그렁그렁

고향 집

피붙이들 모두 떠난 오래된 초가 한 칸,
뼈마디 기둥마다 저승 꽃이 활짝 피고
눅눅한 벽에 기대자 물소리가 차갑다

뜨락엔 이런저런 꽃말이 터져있고
개망초 무성하게 웃자란 뒷마당에는
어릴 적 잃어버린 꿈 주문처럼 꿈틀댄다

초저녁 야윈 달빛, 빈방에 불 지피고
무너진 흙담 위로 시린 어깨 덮어준다
이장님 확성기 소리에 뒤척이는 아린 꿈

나의 두 발

42195는 하나의
숫자에 불과하지만

1에서 42195까지
달려온 나의
두 발은

풀어도
풀리지 않는
온 생의
나의 증인

고향에 와서

죽은 장수 따라 애마도 함께 묻힌
말봉산 자락 아래 굽이치는 미호천,
비단결 풀어놓은 듯 고요하고 정갈하다

산에 붙잡힌 채 간데없는 범종 소리,
그 소리 어디 가고 뻐꾸기만 목을 매나
사무친 깊은 시름은 천 리 길을 달리는데

새벽을 삶아내며 칠 남매 끌어안은
우물 속 달에 비친 어머니 환한 미소
내 안에 꽁꽁 묶어서 자물쇠로 잠근다

러닝머신 타는 노인

구부정한 햇살 업고 아픈 다리 질질 끌며
지팡이에 의지한 채 한 발 한 발 내딛는
한 노인, 절룩거리며 러닝머신에 도전했다

한 걸음 다가서면 한 걸음 물러나고
다시 또 도전하는 거친 숨 자락마다
벨트에 감겨오는 아픔, 하나같이 눕는다

그렇게 또 일 년이 지나고 지난 후에
10킬로 마라톤마저 완주하는 칠순 노인
시간이 멈췄던 자리, 쌍무지개 솟는다

일출 2

양수로 가득 찬 몸,
치어들이
헤엄친다

몇 억만년
먹을 갈아
쏟아 놓은
물결 위로

어머니
온 자식 위해
일월등을
밝히네

어머니 손맛

새벽을
삶아내며
설한풍을
녹여낸다

시간을
감고 있는
장독대
묵은 손맛

어머니
별들과 함께
항아리에
잠든다

후회

교차로에
대기중인
짜장면
오토바이,

왜 아직
오지 않나
휴대폰
외마디에

불법 턴,
딱 걸려버렸네
어쩌나
하루 치
품삯

03 먹먹한 그늘 한 채

먹먹한 그늘 한 채

–홀로 남겨진 노인

널어 말린 햇살이 아장아장 걷는 오후
두 손을 꼭 잡은 채 한 발 한 발 내딛는
노부부, 체온을 나눠 또 하루를 버티더니

야윈 햇살 등에 업고 간간이 마주 보며
백 번을 절룩여서 십 미터 걸어간다
활처럼 휘어진 등골, 툭 불거진 뼈마디로

발길 끊긴 며칠이 지나고 또 지난 후에
나 홀로 걷고 있는 먹먹한 그늘 한 채
하늘엔 삭은 낮달이 파르르 떨고 있다

몽돌밭에 앉아서

천길 깊은 산 속, 잠든 것은 아니었다
두려움을 껴안으며 마른 몸피 갈고 닦아
마음속 돋은 가시는 하나하나 깎아냈다

모서리 다 닳도록 온몸이 귀가 되어
세상 소리 모두를 안으로 삭여왔다
한평생 가진 것 없이 굴러 오신 어머니처럼

일곱 남매 끌어안은 활처럼 휘어진 생,
실오리 감긴 어둠 한 올 한 올 풀어내면
먼 길을 돌아온 달빛, 빠진 이가 시리다

새벽, 일터

밤을 지킨 가로등과 어둠이 작별하면
꿈결과 강물 사이, 새벽길을 깨워놓고
다투어 내일로 가는 은빛 페달 밟는다

볼에 꽂힌 칼바람을 한 올 한 올 뽑아내며
숨차게 당도한 곳 주상 바닥 한 모퉁이
한 생애 저당 잡힌 채 인수인계 건넨다

다 낡은 안전모 위로 불똥이 쏟아지고
시뻘건 쇳물 식어 강판으로 오기까지
아무도 서로의 밤을 물어보지 않았다

*주상 바닥 : 쇳물을 연속적으로 주형틀에 부어 작업하는 장소

천둥

아득히 들려오는
아낙의
다듬이 소리

황급히 내달리는
사내의
말발굽 소리

긴 터널
막 벗어나는
서쪽 하늘
긴 무지개

또 한 그루, 은행나무를 심으며

–경주 문예대 입학식에서

천 년의 말간 햇살, 벚꽃 길로 걸어와서
경주문대 교정 위에 사뿐히 앉는 아침
한 그루 은행나무가 뿌리 내려 길을 연다

푸르게 더 푸르게 웃자라던 날들 있어
돌아보면 손을 놓친 청춘의 푸른 꿈과
몸부림, 끓던 열병이 문학일 줄 몰랐다

밤늦도록 시와 수필 행간을 진맥하면
밑줄 친 처방전엔 달빛 한 섬 실려와서
꺾어도 꺾이지 않는 댓잎으로 서걱였다

가지마다 맺힌 언어, 수필의 잎 무성하고
가을에는 알알이 익어가는 시詩의 열매들
칼바람 꽁꽁 언 땅 위로 복수초를 피웠다

낮게 낮게 몸 낮추고 비천한 곳 눈길 주며
걸음마다 발 닿는 곳에 단비 되어 틔운 싹이
한평생 바래지 않는 문학의 성 이었다

스승의 날에

–민병도 선생님께

삼월도 하순 무렵 시조 열차 타고 온 봄
한결 동인 목우회, 목연회 한 바퀴 돌아
종착지 목언예원에 축하인사 건넵니다

소리 없이 내린 봄비, 운문 댐이 푸르렀듯
말없이 쏟은 정성, 알찬 열매 단맛들 듯
한평생 시와 그림이 새벽달에 빛납니다

밤늦도록 시와 수필 행간을 진맥하시면
밑줄 친 처방전엔 오롯한 향기로운 말씀,
영혼이 봄 햇볕처럼 따뜻하게 녹습니다

시조21 산맥 이뤄 문학 숲 가꿨으니
수 백여 제자들이 보내는 뜨거운 함성,
스승님 크신 은혜에 에밀레로 울립니다

종소리

속삭이며
산을 만나
메아리로
되돌아와

사르르 풀려오는
명주실 같은 타래

그대의
텅 빈 가슴속
붕대는
누가 푸나

새벽을 깨우다

–인력시장

외투 깃 절로 서는 얼 붙은 칠흑 새벽
웅크린 어깨 위로 드센 바람 몰려와
무너진 등짐 사이로 아린 꿈을 깨운다

자격증 하나 없는 무거운 내 발걸음
호명을 기다리는 긴장된 순간마다
달 하나 키우고 싶은 작은 별이 솟는다

단 한 번 날지 못한 푸른 꿈 펼치면서
내일을 기약하며 빈손으로 돌아가는
고단한 가장의 어깨, 새벽달이 껴안는다

단추

나 홀로 뚝 떨어져
어둠 속에 갇힌 채

춥고 긴 골목 지나
먼지 속에 묻혔다

파르르
떨고 있는 저,
우수에 찬 달력처럼

처음부터 잘못 채운
일그러진 일상 속

느슨해진 마음을
철사 줄로 동여 매여

한 생을
다시 꿰맨다,
눈물마저 깁는다

달려오는 봄

햇살 가득 그러모아
가슴팍에 앉혀 놓고

손가락 활짝 펴서
나뭇가지를 만지자

매화꽃, 화들짝 놀라
봄의 샛문 열었다

청잣빛 투명한 공간,
오색실 수를 놓고

손바닥 활짝 펴서
들판을 만지자

경쾌한 왈츠의 주인,
초록으로 감겼다

반딧불

닿을 길
없는 하늘
빈 꽁지
흔들어 대며

가을에
터진 불꽃
황홀이
타오르는 별

달빛을
한 입씩 뜯어
깔아 놓은
꽃 이불

새싹

봄을 물고 앉아 있는
부드러운 바람결에

한 줌 햇살 빌려 와서
고개를 살짝 드니

잊었던 얼굴 하나가
눈 비비며 일어선다

푸릇한 혓바닥을
수줍게 내밀고서

움츠린 헌 옷 벗어
기지개 펴 던지니

한순간
꿈으로 가득 찬
섬이 하나 솟는다

바닷가에서

어머니 품속에서 갓 꺼낸 한 줌 햇살이
쇳물을 토해내는 용광로 불빛 멀리
잔잔한 아침을 열며 찰랑찰랑 걸어온다

불꽃 같은 시선으로 푸른 하늘 응시하며
흰 날개 퍼덕이던 손을 내민 갈매기,
입 속에 봄을 물은 채 늙은 강을 건넌다

하늘 잔에 토해냈던 쓰라린 아픔들은
부서진 파도 따라 거품 속에 사라지고
저 멀리 닳아진 반달, 그믐으로 가고 있다

아버지와 막걸리

한 뼘씩 불어나는
큰아들 등록금에

대출이자 사룻값,
푸념이 고봉밥이다

애꿎은
담배 연기가
아직도 매캐한 채

흐림 속 맑음과
텁텁함 속 개운함이

혼돈돼 뒤섞인 후에,
평등해진 아버지

웃가슴
풀어헤치고
오랜 통증 싸맨다

새벽을 걸으며

가로등도 고개 숙인 한적한 숲길에서
초록이 감겨오는 아침을 맞이한다
제철소 강쇠 바람이 문득 잠을 깨우는

선잠을 걷어 내어 어깨 위에 걸쳐 놓고
더위가 목덜미까지 기어오른 언덕에서
돌 하나 들추었더니 막힌 길이 열린다

얼마나 걷고 걸어야 모난 마음, 둥글까
단 한 번 날지 못한 푸른 꿈 펼치면서
걸어온 발자국마다 아픈 길을 지운다

담쟁이 일기

담쟁이 일기

출근길이 서로 같은 김 대리와 이 대리,
숨긴 마음 들킬까 봐 오히려 꽉 잡은 손을
오늘도 드센 바람이 처음처럼 풀어놓았다

붉은 벽이 잘라먹은 길은 애당초 절반,
올라가면 오른 만큼 내려올 줄 알면서도
힘겹게 뿌리쳐가며 허공에 손을 뻗었다

몇 번의 추락에도 벽은 끝내 요지부동,
서로를 경계하는 어깨 위에 올라서서
비로소 상처가 없이 함께 가는 길을 보았다

목련

물집이
잡힌 걸까
봄이 잠시
쉬는 자리

찰라 같은
지난 삶을
되짚어
살피라며

적요한
봄날 뜨락에
등불 환히
밝힌 그대

경주, 벚꽃 길

어머니 품속 같은 아침 햇살 불러와서
눈 비비고 일어나 보문호에 앉은 바람,
도톰한 봄의 실핏줄 초록으로 움튼다

잠시의 기다림 뒤 도드라진 눈빛으로
예쁜 뺨 적셔내고 수줍음을 터뜨린다
4월의 눈부신 신부, 깃털처럼 날린다

벚꽃이 벚꽃끼리 몸 비비는 언덕길로
애절한 세월 이어온 기파랑의 휘파람이
다시 또 천 년 저 너머로 서라벌에 꽂힌다

용광로 쇠 끓는 소리

−감사 둘레길에서

실오리 감긴 어둠 한 올 한 올 풀어내며
새벽길을 깨워놓고 하루를 여는 아침
햇살은 포도주 빛으로 어깨 위에 앉는다

우르르 달려드는 제철소 강쇠바람
잠이 든 매화나무 온몸을 뒤척인다
쇳가루 묻은 잠꼬대, 젖은 땀이 벌겋다

걸음걸음 묻어있는 두려움을 털어내고
천육백도 뼈를 녹여 서로를 잿여내면
용광로 쇠 끓는 소리, 영일만에 넘친다

*감사 둘레길 : 포스코 주택단지 안에 있는 둘레길

첨성대

일곱 겹
울타리에
칠보 구슬
꿰어 차고

구슬마다
송이송이
별들을
주워담아

다시 또
천 년 너머로
우뚝 서는
북극성

호박

아기 씨앗 가득 품고
가을볕 쬐는 아낙

더께진 지난 삶을
되짚어 살핀다며

시골집
대청마루에
반가부좌로
면벽 수행 중

경주, 고분古墳

푸르고
아주 짧게
빗질한
머릿결에

해가 뜨나
달이 지나
청춘인 듯
고운 피부

흘러간
천 년 속으로
발이 빠져
갇힌 그대

닭 무리들

발에 걸려 차이면서도
모이를 향해 돌진하다

관습의 식탁으로
쏜살같이 모여들어

또다시
목 비틀리고
털 뽑히는
무리들

천 년의 춤사위

-보문호수에서

천 개의 연꽃들이
수면 위로 손을 뻗어

가득 찬 무대 위에
관중들과 춤을 춘다

그 위로 산란 하는 별,
너도나도 덩실덩실

지휘자 손끝 따라
통통 튀는 걸음으로

연꽃이 흔들리고
못물이 출렁인다

저 멀리
천 년의 춤 사위
서라벌에 넘친다

일어서는 비
—봄비

마음 뜬
한 여인이
긴 머리
풀어헤치고

사나흘
오며가며
빈들에다
침을 놓는다

겨우내
거동을 못한
강 하나가
일어선다

소문

발 없이
귀 달린 문이
말들을 주워담아

바나나
껍질 벗기듯
알몸으로
뒹군다

몇 근씩
불어난 체념,
심장마저
터진다

낙엽

시간에 쫓기듯이
우르르
달려가며

길을 덮고
길을 지워
다시 먼 길
돌아온

노년의
준비도 없이
퇴직하는
저 사내

이발하면서

햇살이 말갛게 익어가는 봄날 오후
거울 앞에 앉아서 한 달 전 나를 만난다
시퍼런 면도날 앞에 마음마저 맡긴다

검게 자란 시간들이 싹둑싹둑 잘려나가고
턱밑의 날 선 가시, 말끔하게 밀려나자
바쁘게 달려온 길이 촘촘하게 박힌다

삐걱대며 표류하던 지난날 뼈아픔은
갈색으로 덧칠하여 한 덩이씩 지워내고
몇 됫박 야윈 이력에 둥지를 틀고 산다

초승달

풀린 듯
조여 있는
귀가 닳은
초저녁에

반쯤 감긴
눈의 상처,
누가 자꾸
두드린다

저물녘
아이 등 내민
서녘 하늘
무지개

한때, 명장

아흔의 한 노인이 새벽 길을 걷고 있다
지팡이에 의지한 채 한 발 한 발 내디뎌
베적삼 다 젖고서야 집으로 돌아선다

영일만 새벽을 깨워 뜨겁게 달구었던
카랑한 목소리는 다 펴내지도 못하고
한때는 제철소 명장, 그믐으로 지고 있다

밟혔던 돌 하나를 두 손으로 불끈 쥐며
쇳물에 녹은 사랑, 그리움 견뎌낸다
오늘도 바람에 맡겨 눈감고 몸을 연다

사계를 들으며

사계를 들으며

피붙이들 모두 떠난 휑한 빈 방, 너무 크다
묵은 먼지 털어 내고 야윈 햇살 불러 모아
비발디 사계를 훔쳐 옷방 하나 만든다

아들딸 키우면서 삭혀왔던 설움인가
오선지에 풀지 못한 아린 꿈이 뒤엉켜져
길 잃은 댓바람처럼 텅 빈 가슴 후빈다

반닫이에 숨은 시간 하나 둘 꺼내 보면
옷깃마다 깊이 배인 아픔들이 되살아나
지천명 굽이친 어깨, 날갯짓이 버겁다

*사계 : 이탈리아 작곡가 비발디가 작곡한 현악 합주와 바이올린 독주에 의한 협주곡

봄 바다

둔탁한
목청으로
출렁출렁
떠나가는

목어의
염불 소리,
화엄경
읊는 소리

뎅그렁
바람 불어와
절 한 채
짓고 있다

오후 3시

늙은 강이
기차를
들었다
놓는 사이

하늘을
헹굼질하며
구름 한 점
떠서 간다

기차가
그냥 지나쳐도
손 흔드는
허수아비

일출 1

달라붙는
허기 달래며
아린 통증
이기는가

푸른 빛
물결 위에
홍 비단
보자기 풀어

어머니
야윈 자식의
탯줄 막
끊는 순간

등대

적막을
등에 지고
바다를 물던
붉은 새

검은 양 떼
몰려오는
캄캄한 밤
홀로 깨어

길 없는
천리를 안아
불 밝히는
너의 눈빛

지퍼

바람조차
입 다문
경계와
경계 사이

날 선 침묵
뱉어내며
제 속 살
깎고 있는

용서와
화해로 여는
맞물린
분사분계선

늙은 자전거

꿈결과 강물 사이, 출퇴근 인파 가르며
산업의 심장부를 질주하던 나의 두 발,
골목길 한적한 곳에 발 묶인 채 졸고 있다

방울 소리 어디 두고 빗물에 온몸 젖어
달리는 자동차만 멀거니 바라보나
체인에 감긴 아픔도
타래 풀 듯 풀지 못하고

퇴출당한 시린 마음, 눈송이처럼 커지지만
묵은 먼지 털어내고 야윈 어깨 다독여서
먼 훗날 직립의 깃을 펴,
한 생을 퉁긴다

일몰

널어 말린 햇살을
어둠이
집어삼킨다

비워낼 것
다 비워낸
목마른
불새 한 마리

또 다른
탄생을 위해
하루의 끝,
말아 쥐는

겨울 바다

수평선에 몸을 맞댄
하늘과 바다는

눈발로 주렴 치며
사랑에 푹 빠졌다

너와 나
닿지를 않아
구름다리 놓고서

풀어도 풀리지 않는
방정식 사랑이라며

모래 위 나뒹굴어
펑펑 울던 빈 소주병

사랑은
모닥불 위에
날리는
눈발
같은 것

폐교에서

유년의 모습들이 나뭇잎에 팔랑거린다
지나온 발자국들 돌아보면 또 묻히고
잠자리 맴도는 교정 저녁놀에 잠긴다

어룽어룽 눈물 자국, 낙서로 흔들려도
나무 위로 들려오는 어린 날의 풍금 소리
연둣빛 꿈을 꾼 듯이 잠에서 깨어난다

서랍 속에 잠들어 있을 편지가 궁금할 때
운동장을 가로지르는 선생님의 호각소리
슬며시 건네주려던 속삭임, 다시 묻는다

폐선

어부의 빈 시간이
일그러진 선상에서

손님으로 주저앉아
생을 마친
폐선 한 척

언젠가
박차고 떠날
그 순간을
재고 있다

건망증 1

중년 넘어 찾아온
아내의
핏빛 노을

폰 들고 수다 떨며
휴대폰 찾고 있는

검붉은
가시에 찔린
흐린 장막
걷는 그녀

시계소리를 듣다

하루를 밟고 가는
둔탁한 벽시계는

뻘 속에 빠져버려
생이 더욱 무거워진

온몸에 감긴 태엽을
하나하나 풀어준다

비스듬히 기운 하루
그마저 우려낸 뒤

시간에 감긴 상처,
한 올 한 올 풀어내며

내 안에 잃어버린 꿈,
길을 찾아 떠난다

죽순

발길 닿는
곳마다
무슨 한이
그리 많아

갈 길이
천 년인데
날 선 비수
품고 있나

단칼에
치고 오르는
화랑의
푸른 신검神劍

배롱나무

여름이
쉬어가는
활짝 핀
목백일홍,

떨어진
달빛 한 자락,
꽃 이불로
덮어 놓고

적요한
여름 뜨락에
등불 환히
밝히네

작품해설

시간의 저울에 얹힌 견고한 질문

/민병도

시간의 저울에 얹힌 견고한 질문

민 병 도 | 시인, 한국시조시인협회 이사장

1

왜 시를 쓰는가에 대한 물음에는 사실 모범답안이 없다. 너무나 경우의 수가 많기 때문이다. 어떤 사람은 자신의 심리적 욕구와 갈등을 해소하기위하여 쓸 것이고 또 어떤 사람은 남의 아픔이나 슬픔을 위로할 목적으로 쓸 것이다. 또 어떤 사람은 자신의 이념이나 가치관을 전달하는 방편으로 쓸 것이고 또 어떤 이는 아름다움과 진리를 향해 쓸 것이다. 어디 그 뿐이랴. 하지만 어느 경우든지 읽는 상대방에게 공감과 감동으로 다가가 자신의 메시지가 전달되기를 바라는 한 가지 공통점을 지니기 마련이다.

시가 독자들의 심상에 도달하여 공감을 일으키고 마침내 감동을 이끌어내기 위해서는 어떤 촉매가 필요한데 그 촉매는 또 다른 생명을 발아시켜 영역을 확장시키는 힘을 지닌다. 문제는 그 힘이 형이상학적 가치질서에 영향을 줄만한 비중인가가 관건이다.

혹자는 그 힘의 원천으로 체험을 선택할 것이고 혹자는 아름다운 언어에 고운 옷을 입힐 수도 있을 것이다. 또 어떤 이는 깊은 미학적 가치를 매개로 취할 것이고 또 어떤 이는 직유나 은유와 같은 다양한 표현법을 활용할 것이다.

여기에 덧붙여 독자들을 공감으로 인도하는 힘 가운데 결코 빠뜨릴 수 없는 수단으로 형식미를 들지 않을 수 없다. 800년의 역사를 지닌 우리의 민족시 시조를 선택한 사람들은 그만큼 역사적 검증을 거친 공감의 수단을 하나씩 더 가지고 있는 셈이다. 그런데 지금은 그 시조가 갖는 형식의 수월성이 결코 장점으로 작용되지 못한다. 오히려 오랜 낯익음으로 인해 버려져야할 유품쯤으로 자리매김되고 있으니 말이다. 물론 서구 물질문명의 유입에 따른 유행의 변화와 맞물린 한시적인 현상일 테지만 수요 없는 일방적 공급이 끼칠 후유증 또한 만만해 보이지가 않는다. 그만큼 이 시대에 시조를 쓰는 일은 이중적 고충을 감내하지 않으면 안 된다.

2

박종구 시인이 첫 시조집을 묶어서 들고 왔다. 그는 이력에서 밝혀놓은 것처럼 포항제철에서 정년을 마친 산업역군이다. 그런 그가 문학의 길로 들어서 삶의 새로운 정신성의 영역에 안착한 것은 10여 년 전이라고 한다. 그 사이 여러 단계의 기초과정을 마치고 본격적으로 시조를 쓰기 시작하여 월간문학 신인상을 받고 이번 시조집을 내기까지 그 또한 시조의 정체성을 익히는데 골몰했으리라 여겨진다. 물론 자유시가 지닌 편이성과 시조가 지닌 낯익음 사이에서의 고민 또한 충분히 예감할 수 있는 부분이다. 그럼에도 그 사이에 매 시편마다 율격이 자연스러워지고 행간마다 상당히 깊은 은유를 저장하는 힘을 지녔다.

더욱이 이번 시조집 『질경이의 노래』에는 새로운 감각과 은유로 완성도를 높인 짧은 단형시조가 많이 포함되어 먼저 눈에 들어온다. 단형시조는 시조의 본디모습으로 오랜 기간 독자적인 형식미와 내용의 다변화를 꾀하며 민족시의 유장한 흐름을 이끌어 왔다. 가람 이병기 선생의 〈시조는 혁신하자〉라는 주장과 함께 새로운 변화를 이끌어낸 현대시조의 다양한 형태미에 가려져 한 때는 단순한 소품처럼 취급받기도 하였지만 지금은 다시 주목의 중심에 다가서는 모양새다.

한때나마 45자 내외의 단형시조를 외면한 까닭은 현대인의 다양한 사고의 집적을 담아내기에 용량이 부족하다는 면도 있었겠지만 고시조의 오래되고 낡은 틀을 벗어나고 싶은 압박감도 작용하였을 것이다. 하지만 그 짧은 형식과 각장마다 엄격히 구분된 문장의 역할, 종장에서의 반전이 가져오는 정제미야말로 시조가 존재해야할 이유인 것이다. 그런 면에서 박종구가 시조를 공부하면서 단형시조에 충실하고 많은 작품을 단형시조로 완결 지운다는 점은 지극히 바람직한 자세라 하겠다.

먼저 「일출 2」를 보면 시조가 아니면 결코 성공할 수 없는 시적 은유와 문장이라는 점을 읽을 수가 있다.

> 양수로 가득 찬 몸,
> 치어들이
> 헤엄친다

몇 억만년
먹을 갈아
쏟아 놓은
물결 위로

어머니
온 자식 위해
일월등을
밝히네

―「일출 2」 전문

첫 수 '양수로 가득찬 몸,/ 치어들이/ 헤엄친다'에서 보듯이 해가 떠오르는 바다의 한 장면일뿐이지만 현상적 묘사에 그치지 않고 주관적 풍경으로 전환시켜 놓고 있다. 그리고 둘째 수 캄캄한 바다에서 만난 수면은 아예 '몇 억만년/ 먹을 갈아/ 쏟아 놓은/ 물결'로 치환시킨다. 메시지의 효과적인 전달을 위하여 첫 수와 둘째 수의 역할을 바꾸어 놓은 것이다.

해가 떠오른 한 순간을 위하여 '몇 억만년/ 먹을 갈아' 기다려온 바다에서 시간의 무한성과 시간과 시간의 만남, 수평선과 해오름의 만남을 헤아리는 것이다. 어쩌면 그것은 '어머니'가 '온 자식을 위해/ 일월 등을 밝히'는 일과 하나도 다르지 않을 것이다. 무한한 반복과 끝없는 헤아림이 그 중심에 자리하고 있기 때문이다. 만만치 않은 사유의 힘을 느끼게 하는 작품이다.

이러한 사유의 깊이는 비단 이 한 작품에만 그치지 않는다. 아마도 자연을 시적 대상으로 바라보는 그의 열린 시각 때문이리라 여겨진다. 사실 자연의 가장 큰 장점은 자생능력과 자정능력을 지니고 있다는 점일 것이다. 계절마다 변화로운 모습으로 본성을 회복하려는 노력을 끊임없이 거듭하고 있으니 말이다. 비가 오고 큰물이 흘러 강을 복원시키고 들풀을 자라게 하고 햇살을 버물어 꽃을 피우는 일도 모두가 자연의 자정능력이자 자생능력이다. 날씨가 추워지면 나뭇잎들이 자신을 버려서 뿌리의 생명을 구하는 것도, 하나의 풀씨가 몇 년씩 땅속에 묻혀 있어도 끝내 썩지 않고 기어코 새로운 생명을 탄생시키는 것도 모두 자정능력이다.

마음 뜬
한 여인이
긴 머리
풀어헤치고

사나흘
오며가며
빈들에다
침을 놓는다

겨우내
거동을 못한
강 하나가

일어선다

이 작품은 '-봄비' 라는 부제가 붙은 「일어서는 비」의 전문이다. '봄비' 를 통해 자연의 자생능력을 바라보는 박종구의 시선도 바로 이 '생명력' 에 주목한다. 첫 수를 보면 '마음 뜬/ 한 여인이/ 긴 머리/ 풀어헤치고' 봄을 재촉하는 봄비를 만나고 있는 정황을 물아일체의 화법으로 묘사해내고 있다. 어찌 보면 매우 낯설고 어찌 보면 기묘한 착상이다.

둘째 수에 오면 왜 그 같은 행위가 필요했는지 자명해진다. '사나흘/ 오며가며/ 빈들에다/ 침을 놓/기 위함이었던 것이다. 여름비처럼 주룩주룩 쏟아지는 것도 아니고 '오며가며' '사나흘' 추적추적 내리는 비를 '침을 놓는다' 라고 한 표현은 시조의 율격과 조화되어 더욱 감각적이다.

그런데 세상 모든 일에는 원인과 목적, 그리고 결과가 있기 마련이다. 무엇 때문일까? 그 해답은 종장에 숨겨져 있다. '겨우내/ 거동을 못한/ 강 하나' 를 일으키기 위함이었던 것이다. 그냥 '봄비가 와서 강물이 불었다' 라고 하면 될 내용이지만 상상력을 동원하여 자연의 철리에 조응하는 모습을 성공적으로 형상화해낸 가작이다.

그 밖에도 이번 시조집에는 짧고 단순한 소재이면서 쉽게 손을 놓아버리지 못하는 단형시조들이 여러 편 보인다.

㉮늙은 강이
기차를
들었다
놓는 사이

하늘을
헹굼질하며
구름 한 점
떠서 간다

기차가
그냥 지나쳐도
손 흔드는
허수아비

㉯바람조차
입 다문
경계와
경계 사이

날 선 침묵
뱉어내며
제 속 살
깎고 있는

용서와

화해로 여는
맞물린
군사분계선

㉮는 「오후 3시」전문이고 ㉯는 「지퍼」전문이다. 두 작품은 아주 상반된 소재임에도 대상을 바라보는 시각은 일맥상통하는 공통점을 지니고 있다. 피사체를 렌즈, 즉 눈으로만 읽지 않고 마음으로 읽었기 때문이다. 물론 그 마음의 뒤에는 시인의 독자적인 가치관이 자리 잡고 있었음은 더 말할 나위가 없다.

사물을 왜곡되지 않게 있는 모습 그대로 옮겨온다는 것 자체로도 쉬운 일은 아니다. 왜냐하면 그 피사체를 받아들이는 렌즈, 곧 눈의 상태가 기계처럼 고정화된 것이 아니라 연륜에 따라 다르고 순간적인 상황에 따라서도 다르기 때문이다. 그리고 무엇보다도 사실 그대로를 옮길 수 있는 묘사능력 또한 천차만별하기에 의도적인 왜곡이 아니더라도 쉽지 않은 일이다. 설사 사실 전달이 가능하다 하더라도 그 자체가 목적이면 사진이나 극사실 표현의 그림만으로도 충분히 가능하다. 굳이 문학기라는, 시조라는 또 다른 표현양식을 필요로 하지 않았을 것이다. 그 외형묘사로서는 부족한 무엇이 있기에 문학이라는 표현을 선택한 것이 아니겠는가. 그 부족한 무엇이 곧 인간 삶의 질을 관장하는 정신영역, 즉 형이상학적 공간이다.

「오후 3시」에는 '늙은 강' 위로 구름이 떠있고 들판에는 허수아비가 서있는 풍경이 포치되어 있다. 전혀 새로울 것도 없고 신기한 장면묘사도, 재미도 보이지 않은 지극히 평면적인 구도이다. 문제는 「오후 3시」로 정한 제목에 있다. 직장인에게 '오후 3시'는 참으로 애매한 시각이다. 오전 일과가 끝나고 한낮과 퇴근시간의 중간지점, 집중도도 떨어지고 그렇다고 퇴근준비를 하기에도 때가 이른 시각이다. 그냥 조용하던 강물 위로 기차가 지나가듯, 구름이 흘러가듯 심리적 경계지점이다. 그런 시간 속에 시적 화자는 '기차가/ 그냥 지나쳐도/ 손 흔드는/ 허수아비'에 불과한 자신을 깨닫게 된다. 제목 하나가 시의 전체적인 의미공간을 얼마나 확장시켜놓을 수 있는지를 이 작품은 보여주고 있다.

「오후 3시」가 평이한 장면의 스케치식 묘사에 생각의 공간을 넓혀주는 제목으로 효과를 극대화시켰다면 「지퍼」는 눈앞에 그려지는 구체적인 제목 밑에 상상력만으로 메시지의 효과를 이끌어낸 작품이다. 그런데 이 하찮은 것 같은 「지퍼」라는 제목이 이끌어내는 상징성의 깊이가 만만치가 않다.

'바람조차/ 입 다문' 지퍼는 무엇을 가리키는가. 60년이 넘도록 휴전상태로 마주보고 대치중인 휴전선 철책과 맞닿아 있다. 그것은 중장으로 가면 '날 선 침묵/ 뱉어내며/ 제 속살/ 깎고 있는' 모습으로 보다 더 구체적으로 드러난다. 그러나 정작 지퍼의 기능은 양쪽의 요철부분이 엇물려 하나로 이어지는 데 있다. '제 속살'만 '깎고 있는' 현재의 휴전선은 분명 고장 난 지퍼임에 틀림이 없다.

여기서 시인이 내놓는 해법은 무엇인가. 그것은 다름

이 아니라 '용서와/ 화해로 여는' 길밖에 없다. 그리고 마지막 구절에 '군사분계선'이라고 적시해 줌으로서 독자들의 물음을 해소시켜주고 있다. 지퍼 하나를 보면서 강대국들의 이해에 얽혀 두 동강난 동족간의 대치상태를 염려하고 안타까워하면 소극적이지만 해법을 생각해보는 발상의 신선함과 시적 전개가 이끌어낸 공감대는 예사로운 것이 아니다.

이처럼 좋은 시의 요소는 우선 독자의 공감과 감동을 이끌어 낼 수 있는 에너지, 즉 생명력이라 할 것이다. 그러니까 시인은 무정란이 아니라 유정란 생산이 필수적이다. 만약 작품이 무정란이라면 감동이라는 생명력을 기대한 독자가 무정란인줄도 모르고 품고 있다는 상상을 해보면 끔찍하다. 그것이 시인이 무정란이 아니라 유정란을 생산해야하는 까닭이다.

3

박종구는 앞서 밝혔듯이 P제철소에서 산업역군으로 정년을 마친 특기한 이력의 시인이다. 그런 그의 눈길에 와 닿은 장면들 가운데는 비교적 산업현장이 많다. 아무래도 자신이 겪은 이력에 비쳐진 낯익은 모습들에 공감대가 형성되어 있기 때문일 것이다. 「질경이의 노래」도 큰 맥락에서 이와 궤를 같이 한다.

어금니 꽉 깨물어도 아픔은 되살아나
차라리 나를 속인 지난날에 꽃을 바친,
노숙의 야윈 어깨에 젖은 손을 얹는다

아흔 번을 밟히면 백 번을 일어서야지
흔들리지 않으려고 뿌리 깊게 내려서서
햇살에 벼려둔 악보, 파릇파릇 닦는다

마음이 가난하기로 꿈조차 가난하랴
흩어진 시간들을 조각조각 꿰매어서
아무도 가지 않는 길, 꽃대 하나 바친다
–「질경이의 노래」 전문

그의 등단작이며 이번 시집의 제목이기도 한「질경이의 노래」는 질경이와 하나가 된 박종구 자신의 노래라 할 수 있다. 그는 왜 질경이를 통해서 자신을 바라보고자 했을까. 우선은 동족간의 전쟁으로 초토화된 조국의 비극에 뿌리내린 베이브부머로 태어난 시인이기에 '어금니 꽉 깨물어도 아픔은 되살아나'는 어린 시절이 있었기 때문이다. 그럼에도 희망을 버리지 않고 힘겨운 노동에 따른 고통을 감내하면 행복의 문이 열리리라는 꿈을 함께 꾸었기 때문이다. 하지만 다가온 시간은 항상 자신의 기대대로 움직여주지 않는다. 절망의 나락으로 떨어지는 경우가 비일비재하지 않았던가. 원망하기보다는 '차라리 나를 속인 지난날에 꽃을 바치고 질척한 길가에 내팽개쳐져 '노숙의 야윈 어깨에 젖은 손을 얹는' 긍정적인 자세를 배워온 지난날이 아니던가.

그러면서 다짐을 거듭한다. '아흔 번을 밟히면 백번을 일어서야지,' 너무도 허상에 놓인 희망을 쫓느라고 대

책 없이 키만 키우다보면 쉬이 흔들리고 쉬이 쓰러지기 십상이 아닌가. 되도록 '뿌리 깊게 내려서서' 키를 낮추고 자신이 설계한 삶의 해답대로 악보를 준비한다. 그리고 어느 햇살이 반짝 스며드는 순간에 '파릇파릇 닦아' 존재의 위의를 드러낸다. 이 같은 자세는 정신이 건강하지 않으면 결코 불가능한 모습이다.

또한 가끔씩은 그 같은 삶의 행동방식을 되돌아보게 된다. ' 마음이 가난하기로 꿈조차 가난하랴' 며 자위의 방어 자세를 취한다. 이 장면에서는 미국의 프랭크 시나트라가 출연하고 노래한 영화 〈마이웨이〉의 한 장면이 겹쳐진다. 부정도 실패도 그 자체로 존재하면 쓰레기에 불과하지만 긍정과 성공의 기초자료로 활용하면 희망의 원동력이 되기 마련이다. 그래서 시적 화자는 '흩어진 시간들을 조각조각 꿰매어서/ 아무도 가지 않는 길, 꽃대 하나 바치' 는 실천에 옮긴다. 여기에 깃들어 있는 건강한 정신이야말로 어떻게 우리가 전쟁의 화마를 딛고 오늘과 같은 성장을 이룩할 수 있었는지를 실증적으로 보여주고 있다.

자신이 보고 듣고 겪은 일만큼 사실대로 알 수 있는 사람은 없다. 그러기에 자신의 체험이 다른 사람을 움직이는 가장 큰 힘이 될 수 있다. 박종구는 제철소에서 생애의 중요한 대부분을 소진하였다. 따라서 그 산업현장에서 겪은 문명에 대한 다양한 생각을 헤아릴 수 없이 많이 걸러내었을 것이다. 그 자기 독백 투의 흥얼거림 한 구석에 「제철소 연가」가 있다.

천길 깊은 땅속, 안티 고향 떠나와서
걸음마다 묻어있는 두려움을 껴안으면
영일만 새벽을 깨워 뜨겁게 눈뜨는 불

온몸으로 다가서면 혼절마저 꽃이 되나
천 육백도 뼈도 녹여 서로를 쟁여낼 때
슬픔도 환하게 녹아 출렁이는 내 노래여

차갑게 뒤돌아온 강판 앞에서 생각느니
수수만 번 저를 녹인 처절함에 대하여
마침내 죽어서 사는 거듭남에 대하여

—「제철소 연가 전문」

제철製鐵은 광석에서 철을 추출하여 철재를 만드는 일을 말한다. 따라서 '천길 깊은 땅속, 안티 고향 떠나' 온 철광석을 '영일만 새벽을 깨' 우는 고로의 '뜨겁게 눈뜨는 불' 속에 넣어 선철을 만들게 되는데 이러한 선철의 과정을 첫 수에 담고 있다.

둘째 수에서는 '천 육백도 뼈도 녹' 일 고로 속이지만 '온 몸으로 다가서면 혼절마저 꽃이 되' 는 반복과정을 매일같이 지켜보면서 자신은 과연 어떤 자세를 견지해야 옳은지에 대한 대답을 내놓고 있다. 그것은 '슬픔도 환하게 녹아 출렁이는' 선철과정의 온갖 마찰음과 괴성도 결국은 '내 노래' 임을 받아들이지 않으면 안 된다는 결론이다.

그리고 그 무시무시한 제강작업까지 모든 공정을 마치고 차갑게 식어서 '되돌아온 강판 앞에서 생각'의 문을 활짝 열어본다. '수만 번 저를 녹인 처절함에 대하여' 괴로워하던 시간과 '마침내 죽어서 사는 거듭남'이 전해주는 성찰이 오늘의 거룩한 응시와 맞닿아 있음을 보게 된다.

이번 시집을 통해서 드러난 박종구의 심성은 극히 온화하고 다정다감하다. 그는 그의 시선에 포착되는 물상이나 장면들을 비교적 예리하게 주시하되 긍정적으로 감싸 안는다. 어쩔 수 없는 안타까움을 찾아내어 마음으로부터 교감하고 연민을 보내는 여러 시편들 가운데 「나래를 젓다」도 있다.

> 강쇠바람 불어오는 포항 공단 철근 공장
> 구부정한 허리 펴며 또 하루를 버텨내는
> 찜웨이, 주름진 이마에 붉은 땀이 솟는다
>
> 시뻘건 불똥들이 온몸에 달라붙어
> 잠시의 혼절 속에 뼈와 살 다 녹았다
> 다 터진 두 팔에 매달린 히기진 식솔들
>
> 뼈가 시린 그리움을 야윈 등에 짊어진다
>
> 짧은 다리 질질 끌며 배웅하던 아버지,
> 그 모습 먼 안부 찾아 메콩강을 건넌다

*찜웨이 : 캄보디아 출신 외국인 노동자

-「나래를 젓다」 전문

이 작품은 자신이 근무하는 사업장 부근에서 흔히 마주한 외국인 노동자의 좌절 앞에 바치는 한 편의 헌시 같은 내용을 담고 있다. 우선 첫 수에서 그 상황부터 구체적으로 밝히고 있다. '포항공단 철근 공장/ 구부정한 허리 펴며 또 하루를 버텨내는/ 찜웨이,' 즉 캄보디아에서 부푼 꿈을 꾸며 한국으로 건너와 노동의 현장에 투입된 노동자의 사고와 관련된 이야기다. 보다 더 구체적인 사연은 둘째 수에서 드러나 있다. '시뻘건 불똥들이 온 몸에 달라붙어/ 잠시의 혼돈 속에 뼈와 살 다 녹'은 사고를 목격한 것이다. '다 터진 두 팔'을 보자니 당사자도 당사자지만 함께 살지도 못하면서 '매달린 허기진 식솔들'의 모습이 스쳐 지나간다. 자신도 여러 식솔들을 거느린 가장이며 처지가 비슷한 현장 일꾼이었기에 무엇보다도 안쓰러웠던 것이다. 여기서 시적 화자가 이 장면을 직접 목격한 것이든 간접적으로 확보한 정보이든 아무 상관이 없다. 다만 공감대의 문제일 뿐이다.

그런데 이를 어쩌랴. 이미 너무 큰 상처를 입어 노동의 현장에는 다시 설 수 없는 몸이 되고 만 것이 아닌가. '뼈가 시린 그리움을 야윈 등에 짊어'지고 '짧은 다리 질질 끌며 배웅하던 아버지'가 계시는 고국으로 돌아가기 위해 짐을 꾸리지 않으면 안 된다. 좌절과 절망으로 바뀌어버린 꿈을 부려놓고 다시금 '메콩강을 건'너 고국으로 돌아가는 냉혹한 운명 앞에 시적 화자는 마음으로 부터 위로를 보낸다.

4

그 밖에도 이번 시조집에서 유독 자주 등장하는 소재로 아버지를 빼놓을 수가 없다. 「고장난 경운처럼」, 「아버지와 숫돌」, 「아버지와 쟁기」, 「아버지와 막걸리」 등 아버지와의 진한 혈육의 정을 다룬 시편들이 마치 하나의 산맥처럼 군데군데 솟아 있다. 전통을 중시하고 가부장적인 가치관이 강하게 남아있던 5,60년대에 유년시절을 보낸 사람이라면 누구라도 아버지가 차지하는 비중을 가벼이 할 수가 없을 것이다. 그럼에도 유독 박종구의 아버지에 대한 외경심은 남다른 데가 있다.

온몸이 녹이 슨 채 삐걱대는 어깨로
포항 병원 응급실에 널브러져 누운 아버지
몇 센티 남아있을까 버텨내는 또 하루

애써 감춘 가슴팍엔 밭고랑이 드러나고
칠 남매 끌어안은 팔순의 야윈 이력,
고장 난 경운기처럼 허연 뼈로 누웠다

손과 발 닳고 닳아 안으로 쟁여온 시간
꽉 막힌 동맥 뚫어 꺼진 엔진 다시 살려

수없이 토막 난 꿈을 무지개로 건넌다
　　　　–「고장난 경운기처럼」 전문

시인의 아버지는 지금 '온 몸이 녹이 슨 채 삐걱대는 어깨로/ 포항병원 응급실에 널브러져 누' 워 있다. 나머지 생명이 '몇 센티 남아있을까' 걱정 반 기대 반인 가운데 하루하루를 버텨내는 실증이다. 둘째 수에 넘어오면 보다 더 실체가 명확히 밝혀진다. '애써 감춘 가슴팍엔 밭고랑이 드러나고/ 칠 남매 끌어안은 팔순의 이력' 이 '허연 뼈로 누' 운 모습은 영락없는 '고장 난 경운기' 였던 것이다. 경운기라면 부품도 바꾸고 심지어는 엔진까지 갈아 끼울 수가 있겠지만 그것이 아버지에게 다가온 시한부의 생명임에랴. 가까스로 '꼭 막힌 동백 뚫어 꺼진 엔진 다시 살려' 보지만, 그리고 더 나아가 '수없이 토막 난 꿈을 무지개로 건' 너 보지만 그 끝이 어디까지 이어질 것인가.

그러나 화자는 그 안타까운 마음에도 불구하고 좀처럼 감정을 드러내지 않는다. 사실을 있는 그대로 독자에게 전해주고 정작 자신은 한 걸음 뒤로 물러나 있다. 울음으로 울음을 이끌어내는 표면적이고 일시적인 동정이나 공감이 아니라 독자 스스로가 감정의 주체가 되도록 비켜줌으로서 보다 더 호소력을 높이고자 한 계산이 아닌가 여겨진다. 왜냐하면 그 어느 누구도 이 아버지와의 관계성에서는 완전히 자유로울 수가 없기 때문이다.

5

지금까지 박종구 시조집 『질경이의 노래』의 첫 번째 독자로서 조심스러우면서도 색깔이 분명한 시편들을 일별해 보았다. 신인의 작품이라고는 믿기지 않을 정도로 율격의 안정감과 정신적 모색의 흔적이 역력하다. 매 시편마다 자신의 체험을 바탕으로 한 가늠자에 의존하지 않고 눈금을 수정하여 새로운 질서를 탐색하는 진지한 자세를 엿볼 수 있다. 이는 시의 위의威儀가 자기감정의 배설이 아니라 새로운 가치질서의 탐구에 있다는 점을 생각하면 지극히 바람직한 보법이 아닐 수 없다.

신인의 경우 대체로 자기감정에 갇혀 새로운 가치나 진리를 외면하기 쉬우나 박종구는 자신이 지나온 시간에 얽힌 견고한 질문을 공감대의 힘으로 활용하고 있다. 그것은 아버지가 준 무언의 교훈이며 생활전선에서 부딪쳐온 날들이 준 깨달음이다. 그리고 아직도 끝나지 않은 이 확고한 물음이 그로 하여금 모든 물상 앞에 진지하게 서게 하고 모든 사건 앞에 겸허하게 서게 만든다.

하지만 아무리 겸허하게 사건 앞에 서고 사물 앞에 진지해도 그것만으로 독자의 공감을 불러올 수는 없다. 깊은 사색과 사유를 통해 공유할 수 있는 힘이나 생명력을 확보해야만 한다. 그리고 그것은 보편성을 지니되 개성적이 모습이어야 한다. 말하자면 같은 소재의 옷감을 가지고 천차만별의 옷을 만들어내는 일과 같다.

지금까지 박종구가 걸어온 보법은 정상적이고 건전하다. 다만 앞으로는 진단의 안목을 가져야 하고 처방의

역량을 길러야 한다. 그리고 오랜 기간 동안 시조가 이룩해놓은 정형성에 보다 적극적으로 다가서야 할 것이다. 그리하여 향토성 짙고 생활철학이 묻어난 자기만의 시조미학을 확보할 수 있기를 기대하며 첫 시조집 상재를 축하한다.